はじめに

JN121501

　みなさんは、ＡＥＤ講習会などで応急手当て……　ありますか？　誰かが倒れてしまったとき、救急隊員が到着するまでの間に応急手当てができるようにと、救急法訓練などの際講習を受けるものです。

　同じように、職場の仲間がつらそうな様子、「こころの不調かな？」と感じることがあると思います。つらい、逃げたい・消えたい、さらには死にたいといった自殺を示唆するサインがある場合には、早急に適切な対処が必要になります。

　ではそのときどうすればよいのでしょうか？　思いつめた相手にどう対応すればよいのでしょうか？　これまで日本にはこころの病に対する応急手当というものはありませんでした。

　しかし海外に目を向けると、2000年にオーストラリアで開発されたプログラム「メンタルヘルス・ファーストエイド」があります。市民を対象に、メンタルヘルスに関する知識や切迫した状況での初期対応法を学ぶものです。

　この冊子では、メンタルヘルス・ファーストエイドのエッセンスを学び、こころの危機にある人と出会う前に身につけておきたい内容を紹介していきます。

　こころの病は、早期受診するほど回復率が高くなります。

　あなたの職場で部下や同僚のこころの不調を感じたとき、このエッセンスが役立つことでしょう。

　この冊子では、こころの不調の代表例として、「うつ病」の応急手当のエッセンスを紹介します。

1. 見て見ぬふり

　私たちは誰でも自分自身がこころの危機にあるとき、自分に支援や医療が必要であることに気づきにくいものです。特に、メンタルヘルス不調者への偏見（スティグマ）がまだまだ多く、「自分はこころの病ではない」と「見て見ぬふり」をしてしまいがちです。

　その結果、自分自身に必要な支援の遅れとなり、メンタルヘルスの不調が長引くこととなります。早い段階で対応することが、悪化させないことにつながります。

　そのためにも、本人も周囲もこころの病を「見て見ぬふり」をせず、具体的に支援するスキルが必要となります。そこでメンタルヘルス・ファーストエイドが役に立ちます。

こんなことありませんか？

なんだかつらそうだな
服装も急に気にしなくなった
いつもと明らかに様子がちがう

そんなときは見て見ぬふりはせず

メンタルヘルス・ファーストエイド！

2. メンタルヘルス・ファーストエイドとは

　メンタルヘルス・ファーストエイドとは、2000年にオーストラリアで開発された、メンタルヘルスに関する知識や初期対応を学ぶ市民を対象としたプログラムです。メンタルヘルスの問題を抱える身近な人に対して、適切に評価し、情報提供を行い、専門家につなぐことを目的としています。

適切に評価し

　声をかけ、不調の度合いを確認していきます。

情報提供をして

　うつ病である場合は、治療につなぐために正しい情報を伝えます。

専門家につなぐ

　精神科医・心療内科医・職場内の産業保健スタッフなどにつなぎます。

3. メンタルヘルスの危機 （特にうつ病）の兆候について

　メンタルヘルス・ファーストエイドを行うためには、対応者自身にメンタルヘルスに関する基礎知識が必要になります。

①うつ状態

　ゆううつな気分がひどく、物事に対する関心が低下してやる気が失せてしまう状態を指します。

②うつ病

　うつ状態が2週間以上続く場合、下記を確認しましょう。

うつ病の症状

2週間以上、下記の症状のうち5項目以上（最初の2項目のうち1つ以上を含む）を満たす場合は、うつ病の可能性があります。

- ☐　いつもと違う悲しい気持ちが消えない
- ☐　以前は楽しめていた活動が楽しめず、興味がもてない
- ☐　エネルギーの欠如、疲れやすい
- ☐　自分に自信がもてない、自分を大切に思えない
- ☐　現実に失敗したわけではないのに罪悪感がある
- ☐　死にたいと思う
- ☐　集中したり、物事を決めたりするのが困難
- ☐　動きが緩慢になったり、興奮して、じっとしていられないことがあったりする
- ☐　眠れない、または眠りすぎる
- ☐　食べることに興味がわかない、時どき食べ過ぎてしまうこともある

（出典：「メンタルヘルス・ファーストエイド　こころの応急処置マニュアルとその活用」創元社、2021.）

うつ病の場合、周囲にはこんなふうにみえます。

・以前より意欲や興味がない
・悲しそう、落ち込んでいる、不安そう
・マイナス思考
・絶望感と無力感

本人はこんな風に考えています。

・これから先いいことなんてない
・全部自分のせい
・誰も自分のことなんて大切に思っていない
・価値のない人間だ
・生きていてもしょうがない

身体疾患と似た症状もよく見られます。

・頭痛、腹痛、だるさ、食欲不振、やせ気味、など

③危機的状況

うつ病の場合、危機的状況を伴うことがあります。

☐ 死にたい気持ちになったり、その行動に至ったりする
☐ 自傷を繰り返す

つらい気持ちから逃れようと、自殺だけが唯一の道と捉えてしまうことがあります。また、うつ病では、自分を傷つける危険性があります。

7

4. メンタルヘルス・ファーストエイドの5つのアクションプラン

　働く仲間の不調に気づいたとき、メンタルヘルス・ファーストエイドのアクションプランを活用すると、その場で支援をスタートすることができます。

5つのアクションプラン

り 声をかけ、リスクを評価し、その場でできる支援をしましょう
→ 9 頁

は 決めつけず批判せずにはなしを聴き、コミュニケーションをとりましょう　→ 11 頁

あ あんしんにつながる支援と情報を提供しましょう
→ 12 頁

さ 専門家のサポートを受けるよう勧めましょう
→ 12 頁

る セルフヘルプやその他のサポートを勧めましょう
→ 13 頁

リスクを評価

　不調に気づいたら、声をかけて、リスクを評価していきます。

　その場でできる支援を開始します。

声のかけ方

①　落ち着いて話せる時間と場所を用意する

　プライバシーを尊重するように、安心、安全が保たれるように環境を整えます。

②　心配していることを伝える

③　相手にプレッシャーをかけないようにする

　「心の準備ができてからでよい」と伝えます。話し始めない場合、あなたから先に話します。

　まず、睡眠や食欲など身体症状から尋ねると、お互い話しやすくなります。

危機的状況を察知した場合は

④　相手の危機的状況を評価する

　オーストラリア版では、自殺を考えているかを直接的に必ず確認をとることを求めていますが、これはオーストラリアの民族性でもあるので、日本においてはやわらかい表現で尋ねましょう。会話のなかや態度に潜むイエローサインを見逃さないようにしましょう（次頁「自殺念慮のサイン」参照）。自傷や自殺念慮に関しては、「それほどつらいと、もしかして、消えてしまいたいなどと考えてはいませんか？」と最後の最後に尋ねるようにします。

●自殺念慮のサイン

言葉にあらわれるもの

①直接的表現：死にたい、消えてなくなりたい、

　生きていくのがいやになった　など

②間接的表現：楽になりたい、遠くに行きたい、これ以上耐えられない、

　つらい、逃げたい　など

行動にあらわれるもの

①直接的行動：遺書や別れのメールを残し失踪する、自殺未遂をする、

　自殺の準備をする、具体的な計画を立てる　など

②間接的行動：身の回りの整理をする、借りていたものを返す、

　重要な地位を退く・辞退する、昔の友人・知人に連絡する、

　病気の治療を中断する

その他

　（飲酒量が急に増える、飲酒のピッチがひどく早い、引きこもる、

　自暴自棄　など）

（参考資料：職場における心の健康対策班編「こころのリスクマネジメント」中央労働災害防止協会、2004.）

―もし自殺を考えていることがわかったら―

誠実に思いやりをもって接するようにしましょう。

今、どのように感じているか、共感を示して聴くようにします。

決して、自殺の良し悪しについて議論や論破をしないようにしましょう。

また、説得にあたるために罪悪感や脅しを利用しないようにします。

判断・批判せずに話を聴く

相手の状況や状態を決めつけず、批判せずに話を聴くようにします。

傾　聴

傾聴は、自分の意見をはさまずに聴くことがポイントです。そのために、完全に聴き手にまわるようにしましょう。

相手に、自分の話を受け止めてもらえた、もっと話してもいいのだという安心感を与えることができます。安心感があると話しやすくなります。

●傾聴のポイント

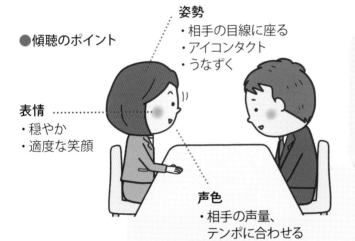

姿勢
・相手の目線に座る
・アイコンタクト
・うなずく

時間の設定
・傾聴の時間はこの人のために使おうと心づもりをする

表情
・穏やか
・適度な笑顔

声色
・相手の声量、テンポに合わせる

環境の設定
・面接室の環境
　（静かさ、プライバシーの保護）
・いすの高さ
・相手との距離

言語的な工夫
・相づち：「ええ」「そうですか」「なるほど」
・繰り返し：まずは相手の言葉を繰り返す
例)「もう消えたい」
　〈もう消えたい……（語尾を下げながら）〉
・共感を示す相手の感情をくみ取り、つらさに共感する
例)「もう消えたい」
　〈消えたくなるくらい、つらいんですね、しんどかったですね〉

11

安心と情報を与える

　これまで話してきて、「うつ病」の可能性があると考えられる場合、そのことを伝える必要があります。安心につながる支援として必要なのですが、なかなか実践できないところです。

　それは「うつ病です」と断定して伝えることではありません。

　ただ、「うつ病の可能性がある」、「うつ病かもしれない」と伝えることで、次のような安心につながる情報提供が可能となります。

・効果的な治療法があること
・医師やカウンセラーからよい助けが得られること
・時間はかかるが、適切な治療によってよくなること

うつ病は、
医学的な問題である
うつ病は珍しくない
病気である

　安心して望みをもてるように、情報提供しましょう。

専門家のサポートを受けるように勧める

　落ち込みが数週間にわたり、生活に支障が出ている場合、専門家の支援が推奨されます。

・対応例：

「わたしは専門家ではないから、詳しく知っているわけではないのだけれど、メンタルヘルス講習会で聞いた例に、Aさんの様子がどこか似ているんだけど。もしかするとね、うつ病っぽくなっているかもしれませんよ。うつ病は早く治療するとそれだけよくなるみたいだし。うつ病であれば、お医者さんや専門家に相談した方がいいと思います。一度行ってみませんか。よければ一緒に行きますよ。」

・専門家一覧：

精神科医、心療内科医・その他の医師・その他の医療・保健機関、保健所、職場の産業保健スタッフ・公認心理師や産業カウンセラー　など

る その他のセルフヘルプなどの サポートを勧める

・友人や家族・地域・精神疾患を経験した人・自助グループ・セルフヘルプ
　教材など
・公的な相談機関：精神保健福祉センター（各都道府県にあります）
　https://www.mhlw.go.jp/kokoro/support/mhcenter.html

●元気の素（一部抜粋）
　ちょっとの工夫で気軽にできる気分転換の例（個人差があります）

・飲食	□甘いものを食べる
	□炊きたてごはんにイクラなどをのせて食べる
・体を動かす	□ストレッチ・体操・ヨガ、ジョギング、ウオーキング
・テレビ・映画鑑賞	□テレビでスポーツ観戦
	□録りためたドラマ・映画・動画を観る
・動植物・自然　に親しむ	□犬や猫と過ごす
	□自然の風景を写真に撮る
・外出	□コンビニ、ホームセンター、書店などに行く
	□近所をドライブする
・趣味	□料理・そば打ち、パン作り
	□習字をする・絵を描く・俳句を作る
・こころがけ	□物を捨てる・整理整頓をする・皿洗い・洗濯・掃除をする
・コミュニケーション	□家族の笑顔を見る、親しい友人と話す、子どもと遊ぶ　　　　　　　　　　　　　　　　　　　　　　　　など

（出典：「メンタルヘルス・ファーストエイド　こころの応急処置マニュアルとその活用」創元社、2021.）

5. 声のかけ方

【ありがちな例】

【良い例】

昨日は元気なかったようですが、大丈夫ですか？

何かあったのなら相談乗りますよ

すみません

実は、最近少し調子悪くて…

そうですか

それは心配ですね 夜は眠れていますか？

寝つけなくて気づくと朝になってて…

ごはんは食べられていますか？

あまり

保健師さんに相談してみたらどうでしょうか？話を聴いてもらえると思いますよ。

一緒に行ってみませんか？

ありがとうございます。なんだか少し安心しました。

くわしい声のかけ方は…

こちら ロールプレイの動画へ

厚生労働省：こころのサインに気づいたら
https://www.youtube.com/playlist?list=PLMG33RKISnWjI0JFBIe6i4eyYatP33rq0

15

●執筆者一覧

加藤隆弘：九州大学大学院医学研究院精神病態医学准教授
小原圭司：島根県立心と体の相談センター所長
大塚耕太郎：岩手医科大学医学部神経精神科学講座教授

●参考

・Mental Health First Aid International：https://mhfainternational.org/
・こころの応急処置マニュアル— Mental Health First Aid Japan：https://mhfa.jp/
・Ｂ・キッチナー他著、大塚耕太郎他編「メンタルヘルス・ファーストエイド こころの応急処置マニュアルとその活用」創元社、2021.

働く仲間のこころの危機に気づいたら

こころの応急手当
～メンタルヘルス・ファーストエイドの活用～

令和5年 2月28日発行　　第1版第1刷発行
令和6年 4月19日発行　　　　第3刷発行

著　者	加藤隆弘	
	小原圭司	
	大塚耕太郎	
発 行 者	平山　剛	
発 行 所	中央労働災害防止協会	
	〒108-0023　東京都港区芝浦3丁目17番12号　吾妻ビル9階	
	販売／TEL：03-3452-6401	
	編集／TEL：03-3452-6209	
	ホームページ　https://www.jisha.or.jp/	
印 刷 所	株式会社 櫻井印刷所	
イラスト	あまちゃ工房　天野勢津子	
デザイン	スタジオ トラミーケ	

◎乱丁、落丁はお取り替えします。
ⒸKATO Takahiro, KOBARA Keiji, OTSUKA Kotaro 2023　21631-0103

定価：330円（本体300円＋税10%）
ISBN978-4-8059-2086-2　C3060　¥300E

SPINNUTS

❋ スピナッツ出版

Towards the Utopia

羊からはじまる 楽しいこと・改訂版